AF221103

Edinburgh

lieben lernen

Der perfekte Reiseführer für einen unvergesslichen Aufenthalt in Edinburgh inkl. Insider-Tipps und Packliste

Marianne Althaus

FSC
www.fsc.org
MIX
Papier aus ver-
antwortungsvollen
Quellen
Paper from
responsible sources
FSC® C105338

Alle Ratschläge in diesem Buch wurden sorgfältig erwogen und geprüft. Eine
Garantie kann dennoch nicht übernommen werden. Eine Haftung für jegliche
Personen-, Sach- und Vermögensschäden ist daher ausgeschlossen. Die Be-
nutzung dieses Buches und die Umsetzung der darin enthaltenen Informationen erfolgt ausdrücklich auf eigenes Risiko.

Alle Rechte, insbesondere das Recht der Vervielfältigung und Verbreitung der
Übersetzung, vorbehalten. Kein Teil des Werkes darf in irgendeiner Form
(durch Fotokopie, Mikrofilm oder ein anderes Verfahren) ohne schriftliche
Genehmigung reproduziert oder unter Verwendung elektronischer Systeme
gespeichert, verarbeitet, vervielfältigt oder verbreitet werden.

✈ INHALT

Das erwartet Sie

„Edinburgh - das Athen des Nordens" - so nannte damals Theodor Fontane die Hauptstadt Schottlands und tatsächlich sind Ähnlichkeiten zwischen dem alten Athen und Edinburghs im 18. Jahrhundert erbauten Stadtteil „New Town" zu erkennen. Doch die Stadt an der Ostküste des Landes, stets überwacht von ihrem Wahrzeichen, dem Edinburgh Castle, hat unendlich viel mehr zu bieten und für jeden ist etwas dabei. Egal ob Sie auf Geisterjagd durch die jahrhundertealten Gassen gehen, auf einem der vielen Festivals tanzen oder im gemütlichen Pub entspannen, langweilig wird es hier definitiv nicht. Auf den nächsten Seiten erwarten Sie nicht nur die schönsten Sehenswürdigkeiten und bekanntesten Ecken der Stadt, die bereits 1996 zum UNESCO-Kulturerbe wurde, sondern auch die besten Insidertipps für alles um und in Edinburgh, damit Sie Ihre Reise in vollen Zügen genießen können.

Umgeben von unberührter Natur und rauer See fühlt es sich fast an wie eine Zeitreise, wenn man das erste Mal die von Hügeln geprägte Stadt besucht. Vom mittelalterlichen Old Town führt der Weg in die Zeit des 18. Jahrhunderts, vorbei an historischen Häusern und eleganten Gärten, die aus der Feder von den klassischen englischen Autoren, wie Jane Austen, stammen könnten. Und wenn um 13 Uhr die One o'clock-Gun ertönt, dann ist es definitiv Zeit für einen Imbiss, ob nun traditionelle Scones im kleinen Café oder ein 6-Gänge Menü im renommierten Restaurant, alle Empfehlungen finden Sie hier im Buch. Edinburgh ist ein wahres Wunder der Mischung aus Geschichte und Moderne. Und so wird schnell klar werden - nicht ohne Grund ist sie nach London die meistbesuchte Stadt in Großbritannien. Wenn Sie also auf der Suche nach dem perfekten Reiseziel für die nächsten Ferien sind, welches sowohl Jung als auch Alt begeistert, könnte die schottische Hauptstadt genau das Richtige sein. Mit den freundlichen Einheimischen und ihrem klangvollen schottischen Englisch sowie den vielen kleinen Straßen und Läden gibt es immer Neues zu entdecken und mit der Hilfe dieses Büchleins werden Sie garantiert das Richtige für sich finden. Schnell fühlt man sich in der eigentlichen Großstadt wie zu Hause und wer weiß, vielleicht möchte man am Ende gar nicht wieder abreisen.

Willkommen in Edinburgh

ZWISCHEN NORDSEE UND HIGHLANDS

Bei dem Thema Schottland sind Whisky, karierte Röcke und Dudelsäcke oft das Erste, woran so mancher denkt. Natürlich werden Sie all das auch in der schottischen Hauptstadt finden. Doch recht schnell merkt man, dass Edinburgh noch einiges mehr zu bieten hat.

Zum Beispiel eine Geschichte, die im 11. Jahrhundert beginnt, als eine Burg auf einem Hügel errichtet wurde und um sie herum eine kleine Stadt. In über 300 Jahren, die hauptsächlich mit dem Handel von Wolle, Tieren, Heu und Getreide verbracht wurden, wuchs Edinburgh heran. Trotz einiger englischer Angriffe und sogar dreißigjähriger Besetzung der Burg wurde die Stadt so Ende des 15. Jahrhunderts zur inoffiziellen Hauptstadt Schottlands. Auch die Pest und mehrere Cholera-Ausbrüche störten die Popularität nicht und so wuchs Edinburgh stetig weiter. Im Jahre 1767 war schließlich klar - die Stadt ist zu klein für all die Menschen! Das Krankheitsrisiko wurde immer größer und damit Edinburgh nicht aus allen Nähten platzte, musste ein neuer Stadtteil her. So beschloss Lord Provost, der Aufseher der Stadt, einen Wettbewerb zu veranstalten, dessen Gewinner die Pläne für den Ausbau fertigen sollte. Der junge Architekt James Craig wurde somit für den Bau der New Town auserwählt und schuf einen neuen Stadtteil.

Über längere Zeit entfernte sich Edinburgh nun schon von den Fabriken und verlor so seine führende Position in Schottland an Glasgow. Doch anstatt der Manufakturen trat in Edinburgh ein neuer Trend auf – der Trend der Literatur. Trotz dem Misserfolg als Industriestadt wuchs Edinburgh im 19. Jahrhundert immer schneller und erste kulturelle

Orte wurden geschaffen. Zu dieser Zeit war die Stadt bereits zu einer kleinen Metropole für Banken, Versicherungen und andere Dienstleistungsgewerbe geworden. Anfang der 1900er Jahre waren diese traditionellen Bereiche des Geschäftslebens in Edinburgh sehr erfolgreich und die Attraktionen und öffentlichen Einrichtungen wurden immer mehr. Das ermöglichte dem Tourismus in der Stadt zu wachsen und zu einer wichtigen Branche zu werden. Heute besuchen Edinburgh rund 13 Millionen Touristen im Jahr und doch ist es mit seinen gut 480.000 Einwohnern recht klein, im Vergleich zu anderen Hauptstädten der Welt.

Glaubt man Robert Louis Stevenson, so ist „Edinburgh alles, was Paris sein sollte". Fest steht jedenfalls, die Stadt ist lebendiger als je zuvor und noch immer wächst und gedeiht die „Kultur-Hauptstadt" Europas. So wurde sie von einer Studie aus über 30 europäischen Städten betitelt und macht ihrem Namen alle Ehre. 16.000 der sogenannten „Heritage Buildings" gibt es in der Stadt. Dies sind Häuser, die zum Kulturerbe gehören. Zahlreiche Museen kann man besuchen, von dem Leben der Bürger Edinburghs bis hin zu seinen berühmten

Schriftstellern. Historische Gebäude gibt es zu bewundern, alte Friedhöfe und Kirchen, Cafés mit vielfältigen kulturellen Angeboten, Kunstgalerien, Bücherläden für wirklich jeden Geschmack und gleich zwei königliche Paläste. Und wer glaubt, hinter dem Begriff Kultur würden sich nur trockene Geschichte und alte Häuser verstecken, der liegt definitiv falsch. Denn Edinburgh hat es wie keine andere Stadt geschafft, Geschichte und Moderne zu etwas ganz Besonderem verschmelzen zu lassen.

Eine Menge an Festivals finden hier statt, von Popmusik bis zur Militärband ist alles dabei. Traditionelle Pubs stehen gleich neben neuen Bars, angesagte Modeketten neben Second-Hand-Läden. Es gibt sowohl Ausstellungen über das Leben in Edinburgh im Mittelalter und die vielen Kriege, die die Stadt miterlebt hat als auch über die Geschichte von Fudge und Schokolade. Und auch die Fantasie kommt in Edinburgh, von den Einheimischen liebevoll „Auld Reekie" genannt, nicht zu kurz. Nicht umsonst ist die Stadt seit Jahrhunderten Inspiration und Wahlheimat für viele Autoren. Das spiegelt auch das Nationaltier Schottlands, das Einhorn, wider. Das Fabeltier prangt auf dem schottischen Wappen und steht nicht nur für Reinheit und Kraft, es ist ein Symbol für die Liebe der Schotten zu den vielen Mythen und Sagen ihrer langen Geschichte. Die findet man auch in Edinburgh überall, die Stadt lebt von seinen geisterhaften Bewohnern und den Spukgeschichten, von denen es nicht zu wenig gibt. Also, nicht vergessen, zu jedem Ort gehört auch fast immer eine Legende und wenn Sie die nicht kennen, dann lassen Sie Ihrer Fantasie einfach mal freien Lauf. Wer weiß, vielleicht erzählt man dann Ihre Geschichte irgendwann auf einer Geistertour durch Edinburgh.

Bevor es losgeht

ANREISE UND UNTERKUNFT

Bevor es losgeht stellt man sich natürlich zunächst die Frage, wie man am besten anreist. Und da stellt sich heraus, dass das Flugzeug keineswegs die einzige Option ist.

Wer zum Beispiel die Reise etwas spannender gestalten möchte, kann mit dem Schiff fahren und so eine kleine Prise Abenteuer genießen. Es fahren zum Beispiel täglich Fähren von Amsterdam nach Newcastle. Knapp 17 Stunden dauert die Überfahrt und neben der vielen Attraktionen an Bord lohnt es sich besonders für den wunderschönen Sternenhimmel auf See. Ohne Reisestress kommt man nach einem entspannten Tag erholt in England an und kann durch die angebotenen Shuttle-Busse auf dem letzten Reiseabschnitt die schottische Küstenlandschaft genießen. Aus dem Fenster gucken lohnt sich, denn auf so manchen Hügeln verstecken sich alte Burgen und Türme.

Auch mit dem Zug kann man nach Edinburgh reisen. Von Frankreich nach England fährt der Eurostar mehrmals täglich durch den Eurotunnel, der das europäische Festland mit den britischen Inseln verbindet. Von London gibt es diverse Züge nach Schottland. Sind Sie mit dem Auto unterwegs, fällt die Umstellung auf den britischen Linksverkehr am Anfang vielleicht etwas schwer, geht im Grunde aber schnell.

Fällt Ihre Wahl am Ende doch auf das Flugzeug, wird fast immer ein Zwischenstopp in London eingelegt. Vom Flughafen in Edinburgh ist es aber schließlich nur etwa eine halbe Stunde bis zur Innenstadt.

Das Wichtigste für viele im Urlaub ist die Unterkunft und diesbezüglich eine Entscheidung zu treffen gestaltet sich oft schwierig. Hotel oder Hostel? Welche Lage ist am besten? Was passt ins Budget? Edinburgh hat hier viel Verschiedenes zu bieten.

Hotelzimmer gibt es ab ungefähr 60 Euro pro Nacht. Wenn Sie es besonders und extravagant mögen oder einfach mal wie ein Ritter oder eine Hofdame aus vergangenen Zeiten leben möchten, bietet sich das Hotel und Restaurant „The Witchery by the Castle" an. 5-Sterne, renommiertes Essen und eine einzigartige Lage ergeben zusammen mit mittelalterlichen Räumen einen besonderen Aufenthalt und auch wenn vielleicht der Eindruck entsteht, spuken tut es hier nicht! Preislich an einem ganz anderen Ende, aber definitiv keine schlechte Wahl, sind Edinburghs zahlreiche Hostels. Im „Safe-Stay" in der Blackfriars-Street kann man bereits ab 10 Euro ein Bett finden und vor allem für mehrere Leute ist es bestens geeignet. Zu Fuß gelangt man schnell zu fast allen Sehenswürdigkeiten und den Abend kann man entweder im Hostel bei Billard und guter Musik oder auf der großen Dachterrasse genießen.

GUT ZU WISSEN

Wie bei jedem Besuch in einer anderen Stadt oder Kultur gibt es auch in Edinburgh Hinweise und Informationen, deren Wissen die Reise um einiges entspannter gestaltet. Plant man zum Beispiel, das eigene Auto mitzunehmen, was sowohl auf dem Schiff als auch durch den Eurotunnel möglich ist, ist ein Hotel mit Parkmöglichkeit Pflicht. Sonst könnte es sein, dass man Edinburgh das erste Mal von einem Autositz aus kennenlernt, auf der stundenlangen Suche nach einem Parkplatz. Möchten Sie sich den altbekannten Parkstress sparen, können sie ihr Fahrrad mitnehmen oder einfach eines vor Ort mieten. Hier sollte man jedoch gewarnt sein, eine Tour durch die verwinkelte Hügellandschaft der Edinburgher Straßen könnte für so manchen Fahrradfahrer zum Ausdauertraining werden. Zu Fuß lässt sich in der kompakten Innenstadt quasi alles gut und ohne große Probleme erreichen.

Schottland gehört offiziell zwar zu Großbritannien, wie 2014 nochmals besiegelt, doch in vielen Bereichen unterscheidet es sich von England. Wer jetzt an den Film „*Braveheart*" denkt, braucht sich aber keine Sorgen machen, mittlerweile sehen diese

Unterschiede anders aus. So sprechen die Schotten zwar Englisch und geben sich auch gerne Mühe, wenn sie merken, dass man als Tourist nicht immer alles versteht, doch mit dem Schulenglisch hat das schottische Englisch nicht mehr ganz so viel zu tun. Aber kein Grund zur Sorge, wenn die Kommunikation nicht einwandfrei klappen sollte und man auch nach dem vierten Mal eine Frage nicht verstanden hat. Mit einem Lächeln und notfalls Händen und Füßen lässt sich alles gut lösen. Schnell merkt man, dass der Ruf der schottischen Verdrießlichkeit nur ein Mythos ist und man mit den lustigen und freundlichen Einheimischen über Gott und die Welt reden kann. Wenn Sie also den Dreh irgendwann raushaben, scheuen Sie nicht davor zurück, Ihre neu erworbenen Schottisch-Kenntnisse zu testen.

Schottland hat auch eine eigene Währung, das schottische Pfund. Keine Panik, falls Sie noch britische Pfund im Portemonnaie haben und schon voller Freude auf den Urlaub in Edinburgh warten, um diese endlich auszugeben. Beide Währungen werden akzeptiert, aber wenn Touristen mit dem schottischen Pfund bezahlen, freut sich der Schotte immer etwas mehr.

Hat man vor, sich mit diesem Geld einen schönen schottischen Whisky oder anderen Alkohol im Supermarkt zu kaufen, sollte man auf die Uhr schauen, denn nach 22 Uhr wird dort weder Alkohol verkauft, noch ist er in der Öffentlichkeit erlaubt. Also lieber einen schönen Pub für den Abend finden und dort in die richtige Edinburgh-Stimmung kommen.

Nun wird zu Hause der Koffer gepackt und es stellt sich die Frage, was man alles einpacken muss. Das Wetter ist dort gar nicht so anders als hier in Deutschland - keine eiskalten Winter und milde, oft nasse Sommer. Eine Regenjacke bietet sich definitiv an, sonst kann der ein oder andere Stadtspaziergang zur Burg oder dem neu entdeckten Lieblingslokal buchstäblich ins Wasser fallen. Außerdem nicht zu vergessen ist der Reiseadapter für die Steckdose, damit das Handy oder die Kamera immer für Fotos bereit sind, denn an jeder Ecke gibt es etwas zu entdecken und festzuhalten.

Unendlich viel zu sehen

KULTURHOCHBURG

Das Edinburgh Castle

Das Wahrzeichen Edinburghs, das Edinburgh Castle, ist von fast überall aus in der Stadt zu sehen. Es ist eine der ältesten Festungen Europas und die Anzahl der Legenden, die sich um die Burg ranken, ist noch höher als ihr Alter. Steigt man zum Eingang hinauf, geht man den gleichen Weg, wie zuvor viele Ritter, Könige und Königinnen und ist man einmal in der Burg, erwachen diese Geschichten zum Leben.

Es scheint plötzlich gar nicht so abwegig, dass viele

Menschen merkwürdige Melodien hören, die aus den Burgkammern kommen. Sie sollen von einsamen Geistern stammen, die dort noch immer Dudelsack spielen, auf der Suche nach einem Weg nach draußen. Auch die berühmte Zauberin Morgan le Fay aus der Artussage soll hier einst gelebt haben.

Legenden gibt es auch über den „Stone of Destiny", der sich mitten im Edinburgh Castle befindet. Zum Beispiel besagt ein Gerücht, dass es sich bei dem Stein in der Burg gar nicht um das Original handelt. Der Stein, ein uraltes Symbol der schottischen Monarchie, ist seit Jahrhunderten Zeitzeuge der Wechsel von Königen und Kriegen. Doch im Jahre 1950 wurde er von vier Studenten gestohlen und erst Monate später wieder aufgefunden. 1966 kehrte er dann zum Edinburgh Castle in den Crown Room zurück. An das gute Ende dieser Geschichte glauben viele jedoch nicht und so munkelt man noch immer, dass der echte „Stone of Destiny" nie nach Hause zurückgefunden hat.

Ja, Mythen gibt es hier viele, denn die Burg ist nicht nur die schottische Attraktion mit den meisten Besuchern, sie wurde auch zu dem Ort ernannt, der von den meisten Geistern heimgesucht wird.

Vielleicht treffen auch Sie eine der Frauen, die im 17. Jahrhundert als Hexe bezeichnet, in der Burg gefoltert und dann auf dem Castle Hill hingerichtet wurde.

1756 bis 1763 herrschte der siebenjährige Krieg und brachte viele Kriegsgefangene in das Edinburgh Castle, genauer gesagt in dessen unterirdische Gefängniszellen. Ihre rastlosen Seelen lassen sich noch heute in der Burg blicken.

Ein schlechtes Zeichen wäre es allerdings, wenn sie dem ebenfalls bekannten, kopflosen Trommler begegnen, dessen Töne man nachts bis in die Stadt hinunter hört. Denn die Legende besagt, sobald der Trommler gesichtet wird, deutet das auf einen bevorstehenden Angriff auf die Stadt hin.

Doch genug der Spukgeschichten, auch wer sich weniger für Sagen interessiert, ist definitiv nicht fehl am Platz, denn die wahre Vergangenheit des Edinburgh Castle ist mindestens genauso interessant wie seine geisterhaften Bewohner. Mit Anfängen im 11. Jahrhundert hat die Burg unzählige Male die Besitzer gewechselt und ist Ziel vieler Angriffe gewesen. Sie gilt als meist belagerter Ort ganz Großbritanniens. Die schnellste Eroberung etwa fand 1639 in nur 30

Minuten statt, andere folgten in den Jahren 1650, 1689 und 1745. Die schottischen Unabhängigkeitskriege, die im 13. Jahrhundert begannen, kann man sogar in der „Fight for the Castle"-Ausstellung noch einmal miterleben. Über dreißig Jahre lang kämpften die Schotten für ihre Freiheit und standen auch noch am Ende als unabhängige Nation da. So besiegte der schottische König Robert the Bruce den englischen Edward II im Battle of Bannockburn und die Hauptstadt Schottlands blieb in den Händen seiner Bewohner.

Doch schon vor dem Bau des Edinburgh Castle war der sogenannte „Castle Rock", auf dem die Burg heute steht, aufgrund seiner günstigen Lage Standort für verschiedene Festungen und bereits Menschen in der Eisenzeit haben sich diesen Vorteil zu Nutze gemacht.

Bemerken werden Sie auf jeden Fall die One O'clock-Gun, denn die Kanone feuert täglich - außer sonntags - um 13 Uhr einen Schuss ab. Früher diente sie den Schiffen im entfernten Hafen zur Navigation und tatsächlich misslangen der erste und zweite Versuch, als die Kanone erstmals benutzt wurde. Doch Übung macht bekanntlich den Meister und so ist sie seit nun mehr als 155 Jahren Tradition.

Als Besucher gibt es für Sie noch Einiges mehr, was Sie sich nicht entgehen lassen sollten. In der vor mehr als 500 Jahren fertig gestellten Great Hall fühlt man sich fast selbst wie ein Ritter und würde am liebsten auch mal eine der polierten Rüstungen anprobieren, die die Halle zusammen mit Schwertern und Speeren schmücken. Ein kleines königliches Geheimnis können Sie hier entdecken, wenn sie rechts über den Kamin blicken. Dort befindet sich nämlich ein kleines, verriegeltes Fenster, bekannt als „Laird's Lug", das „Ohr des Lords". Dadurch konnte der König versteckt beobachten und belauschen, was in seinem Hofstaat vor sich ging.

Auf dem Crown Square, wo sich früher Lords und Ladies tummelten, befindet man sich vor dem prunkvollen Royal Palace, ausgekleidet mit Stuckdecken, unzähligen Gemälden und sogar dem Raum, in dem James VI zur Welt kam. Dieser war ein späterer König von England und Schottland und Sohn von der berühmten Maria Stuart, die uns später noch einmal begegnen wird. Auch die schottischen Kronjuwelen kann man sich hier ansehen. Die Krone, das Schwert und das Zepter bilden zusammen die „Honours of

Scotland" und haben ihre Anfänge im 14. Jahrhundert.

Unter dem Crown Square liegen auch die Gewölbe, die einst das Kriegsgefängnis bildeten und hier kann man sogar ein kleines Stück amerikanische Geschichte finden. Denn in das Holz einer Zelle schnitzte ein amerikanischer Gefangener den Sternenbanner - und schuf so eine der frühesten Abbildungen der Flagge der USA.

Ist man wieder an der frischen Luft und auf der Suche nach einem Mitbringsel oder ein paar Leckereien im Shop des Castles fündig geworden, sollte man auf keinen Fall St. Margaret's Chapel übersehen. Die kleine Kapelle befindet sich gleich hinter dem Laden und ist das älteste erhaltene Gebäude in Edinburgh. Im Jahr 1124 wurde die Kapelle erbaut und wird noch immer genutzt. Vor einigen Jahren wurde sie das letzte Mal renoviert, 900 Jahre nach dem Tod ihrer Namensgeberin, Königin Margareta.

Im Edinburgh Castle lebte im 19. Jahrhundert ein Gast, der sogar noch besonderer ist als die vielen die vor ihm kamen. Denn von einer Expedition nach Sri Lanka brachte das Highland Regiment einen Elefanten mit, der von da an in der Burg wohnte und zu einer richtigen Berühmtheit in der Stadt wurde.

Wenn Sie Edinburgh Castle wieder verlassen, dann bleiben Sie vor dem Eingang stehen und sehen sich nach einem kleinen eisernen Springbrunnen um, der unmittelbar bei dem Eingang an einer Mauer befestigt ist. Dieses Denkmal der Geschichte der Burg wird oft übersehen, dabei erinnert es an ein wichtiges Ereignis. Zwischen dem 15. und 18. Jahrhundert, zur Zeit der Hexenverbrennung, wurden in Schottland mehr Menschen, größtenteils Frauen, hingerichtet, als irgendwo anders in Europa. Allein direkt an der Stelle wo sich heute der „Witches' Well", wie der Springbrunnen genannt wird, befindet, ließen über 300 Menschen ihr Leben. 1894 wurde er in Gedenken an jene errichtet, die unrechtmäßig, oft weil sie geschickt mit Kräutern umgingen oder jemandes Ärger auf sich gezogen haben und ohne Verhandlung getötet wurden.

Holyrood Palace

Gegenüber des Edinburgh Castle, am anderen Ende der Stadt, befindet sich der Holyrood Palace. Denn die Stadt hat nicht nur eine Burg, sondern auch einen Palast und diesen zu besichtigen ist bei einem Urlaub in Edinburgh ein Muss. The Palace of Holyrood

House, wie er offiziell heißt - Holyrood bedeutet übersetzt etwa „Heiliges Kreuz" - ist die offizielle Residenz der englischen Königin in Schottland. Jedes Jahr verbringt sie dort eine Woche, die „Holyrood Week".

Gebaut wie er heute ist wurde der Palast im 16. Jahrhundert und war von dem Zeitpunkt an, der Wohnsitz der schottischen Königsfamilie. Wer sich nun fragt, warum ein Palast gebaut wurde, wenn es doch eigentlich schon einen im Edinburgh Castle gab, der hat nicht ganz Unrecht. Doch die Antwort auf diese Frage ist recht simpel. Bereits 1128 entstand Holyrood, damals noch als Abtei. Als Edinburgh dann im 15. Jahrhundert zur Hauptstadt Schottlands wurde, fanden viele Monarchen die königlichen Gemächer in der Abtei um einiges bequemer als die der Burg. Schließlich beschloss James IV, auch um seine neue Königin Margaret Tudor zu beeindrucken, das Gästehaus von Holyrood einfach in einen Palast umbauen zu lassen, sogar ein See wurde dafür zugeschüttet, damit mehr Platz für die Gärten war. Die folgenden Könige trugen dann zur Erweiterung dieser Umbauten bei. Mit mehr oder weniger großen Erfolgen, denn in den folgenden Jahrzehnten sollte der Palast mehrmals zerstört werden oder in Flammen aufgehen und musste daher wiederholt neu aufgebaut werden.

Beim Besuch des Holyrood Palace lohnt es sich, den Audio-Guide, den man zum Eintritt kostenlos dazu bekommt, zu nutzen. In vielen Sprachen verfügbar, macht er die Besichtigung zu einem richtigen Erlebnis und eröffnet so manches Geheimnis des Palastes. Zu hören und zu bestaunen gibt es viel, mehr als ein Dutzend adlige Gemächer sowie die Abtei und die Gärten. Die verschiedenen Geschmäcker der jeweiligen Könige lassen sich in den vielen Räumen wiederfinden, einer schöner und bezaubernder als der andere, mit den kunstvoll gemalten Tapeten und aufwendig gestalteten Gipsdecken. Achten Sie darauf, wie viel pompöser die Räume werden, desto näher man der Kings Chamber, dem Gemach des Königs kommt. Es liegt direkt hinter dem wichtigsten Wartezimmer, der Kings Ante Chamber. In diesem prunkvollen Bett hat der König tatsächlich nie wirklich geschlafen, es dient hauptsächlich als Symbol und Darstellung seiner Macht.

Wie Sie sehen - Highlights gibt es im Holyrood Palace so viele, dass es schwer ist, überhaupt einen

Überblick zu behalten, doch einige sind besonders beeindruckend. Etwa der Thronsaal mit den zwei Thronen, die man unter den gigantischen Porträts kaum wiedererkennt. Auf diesen können Sie zum Beispiel den Erbauer des Palasts erkennen, James IV. Hier wird der Distelorden empfangen, der nobelste Ritterorden Schottlands, den Sie auf Ihrem Weg durch den Palast noch näher kennenlernen.

Ebenso beeindruckend ist die große Galerie, in der man historische Gemälde von 95 Königen und einer Königin bestaunen kann, sowohl legendäre als auch reale Royals sind hier verewigt. Zum Beispiel Macbeth, den viele aus der Shakespeare-Tragödie kennen dürften, auch wenn der echte Macbeth keineswegs so schrecklich wie der fiktive Charakter gewesen sein soll. Zwar wurde er durch Mord König und verlor den Thron, indem er umgebracht wurde, doch das ist zur damaligen Zeit ganz normal gewesen. Seine 14-jährige Herrschaft war eine ausgeglichene, geprägt von Recht und Ordnung.

Es kann sein, dass Sie an einigen Gemälden Schäden entdecken, diese sind von den Engländern verursacht worden, in einem der zahlreichen Konflikte zwischen ihnen und den Schotten.

Den Royal-Dining-Room, mit dem stets akkurat gedeckten Tisch, nutzte bereits Queen Victoria und noch immer bittet die heutige Queen hier zu Tisch. Sie selbst sitzt tatsächlich nicht am Kopf des Tisches, sondern in der Mitte, damit sie sich gut mit vielen Leuten unterhalten kann.

Die folgenden Mary Queen Of Scots-Räume, im nordwestlichen Turm, in dem Maria Stuart von 1561 an für sechs Jahre lebte, sind für jeden der die Geschichte kennt oder das Werk von Schiller damals in der Schule lesen musste, definitiv ein Highlight. Die Bettkammer mit dem echten Bett der schottischen Berühmtheit gilt als meistbesuchter Raum Schottlands und auch der oscarnominierte Film „Mary Queen Of Scots" wurde hier gedreht.

Ebenfalls Spuren im Palast hinterlassen hat Charles Edward Stuart, um den sich als „Bonnie Prince Charlie" viele Gerüchte ranken. 1745 war er Mitverantwortlicher des Jakobitenaufstandes und plante mit seiner Gefolgschaft England einzunehmen, da er glaubte, rechtmäßiger Erbe des Throns zu sein.

Ein kleiner Tipp, der im Holyrood Palace von Bedeutung ist, ist sich Zeit zu nehmen und auf die kleinen Dinge zu achten. Gehen Sie auf Entdeckungs-tour. Jedes Objekt im Palast hat seine eigene Geschichte und einmal genauer hinzusehen und ein bisschen Detektiv zu spielen macht sich bezahlt.

Wenn man die Tour drinnen beendet hat, wird einen die freundliche Stimme des Audio-Guides oder die eigene Neugier nach draußen führen. Dort stehen die Ruinen der Holyrood Abbey aus dem 11. Jahrhundert, die noch immer einen romantischen Charme versprühen und definitiv nicht ausgelassen werden sollten. Die gewölbte Decke und die gotischen Fenster erinnern an längst vergessene Zeiten und es fällt nicht schwer zu glauben, dass man sich in einer der einst schönsten mittelalterlichen Abteien befindet.

Die Geschichte, wie David I zur Erbauung inspiriert wurde, ist weniger bekannt, aber definitiv spannend. An einem christlichen Festtag, dem „Feast of the Cross", war König David auf einem Jagdausflug, bei dem er leider von seinem sonst so braven Pferd abgeworfen wurde. Als er aufblickte, sah er direkt in das Gesicht eines riesigen, sichtlich verärgerten Hirsches. In dessen Geweih befand sich ein leuchtendes Kreuz, das David I in dem Moment auffiel, als sich der Hirsch plötzlich zurückzog und dem König kein Leid antat. Der war so gerührt und dankbar, von diesem für ihn klar spirituellen Ereignis und gab an genau diesem Ort den Bau der Abtei in Auftrag.

Der Zugang im Osten ist der einzige Teil der Abtei, der noch von damals überlebt hat. Geht man hinein, kann man zum Beispiel den Royal Vault finden, welcher die Überreste James V birgt. Die Mitarbeiter des Palastes bieten außerdem jede Stunde eine Führung durch die Abtei an. Möchte man mehr über deren Geschichte und Legenden erfahren, sollte man hier definitiv nachfragen.

Die Abtei steht nah an den Palastgärten, die sich über vier Hektar erstrecken und in denen die jährliche Gartenparty der Queen stattfindet. Auch ohne adlige Gäste sehenswert, jedoch haben die Gärten nicht das ganze Jahr über geöffnet, deshalb ist es sinnvoll, sich vorher über die Öffnungszeiten zu informieren.

Arthur's Seat
Neben dem Holyrood Palast befindet sich der gleichnamige Park, zu dem auch Arthur's Seat gehört, den Sie spätestens jetzt, wenn nicht schon viel früher

bemerkt haben werden. Denn Arthur's Seat ist mit seinen 251 Metern der höchste Punkt in Edinburgh und schaut Tag und Nacht auf die Stadt herab, wie ein stiller Wächter.

Entstanden ist der uralte und mittlerweile erloschene Vulkan vor rund 350 Millionen Jahren und ist einen Ausflug alle Male wert. Von nirgendwo anders hat man so einen fantastischen Ausblick auf Edinburgh und seine Umgebung. Nur etwa 30 bis 60 Minuten braucht man, um die Spitze von Arthur's Seat zu erreichen und wem es nichts ausmacht früh aufzustehen, sollte früh morgens den Aufstieg wagen. Man wird belohnt mit wenigen Touristen und einem wunderschönen Sonnenaufgang - einen besseren Weg in den Tag zu starten gibt es nicht.

Zu Arthur's Seat gehört faszinierende Natur, wie das naheliegende Dunsapie Loch, aber auch eine ebenso interessante Geschichte. Zum Beispiel die 2000 Jahre alten Überreste einer Festung. Und natürlich wären wir nicht in Edinburgh, gäbe es nicht auch über den historischen Vulkan eine Menge Mythen zu erzählen. So trat Arthur's Seat zum Beispiel im Roman Frankenstein auf und wird schon lange als möglicher Standort der Burg Camelot in Betracht gezogen. Und wer gerne sein Äußeres auffrischen würde, sollte am ersten Mai kommen. Es ist ein alter Brauch, sich an diesem Tag das Gesicht mit dem Tau am Fuße des Vulkans zu waschen, da dies Schönheit und junges Aussehen verleihen soll.

Ein bestimmtes Fabelwesen darf in den britischen Legenden von Rittern und Königen natürlich auch nicht fehlen und so erzählt man sich, dass einst ein brutaler Drache in den Wolken über dem heutigen Edinburgh lebte. Er aß alles was er in seine Klauen bekam. Eines Tages war er aber so satt, dass er sich zum Ausruhen auf dem nahegelegenen Berg niederließ und nie wieder aufwachte. So wurde er zum Sleeping Dragon, aus dem dann später Arthur's Seat entstand.

Eine besonders merkwürdige Entdeckung gibt es auch noch - im Juni 1836 fanden fünf Jungen, die auf Hasenjagd waren, 17 Miniatursärge in einer Höhle bei Arthur's Seat. Acht dieser Särge sind noch erhalten, aber auch heute weiß keiner was es mit den darin liegenden geschnitzten Holzfiguren, die sogar handgemachte Kleidung tragen, auf sich hat. Wollen Sie sich selbst ein Bild davon machen? Dann können Sie die Särge im National Museum of

Scotland finden.

Gleich neben dem Holyrood Palace und Arthur's Seat kommen auch Politikbegeisterte und -interessierte auf ihre Kosten. Denn dort befindet sich das Scottish Parliament, das in der heutigen Form erst seit 1999 existiert und Schottland ermöglicht, gewisse Entscheidungen selbst zu treffen. Schon von außen ist das Gebäude ein kleines Highlight - designt von einem spanischen Architekten. Wer genau hinsieht, entdeckt viele Naturelemente in der Fassade wieder, blattförmige Gebäude etwa. Sie können entweder selbst auf Entdeckungstour gehen oder vor Reiseantritt eine Führung buchen, diese sind kostenlos. Besonders spannend: Es ist möglich, an den Sitzungen des Parlaments teilzunehmen und selbst etwas Politikluft zu schnuppern.

Die Royal Mile und die Altstadt

Das Edinburgh Castle und der Holyrood Palace werden verbunden von der Royal Mile. Die berühmteste Straße der Stadt macht ihrem Namen alle Ehre und ist tatsächlich fast genauso lang wie eine schottische Meile, die mit 1800 Metern nämlich etwas länger als die englische Meile ist. Wer sich in das pulsierende Herz Edinburghs begeben möchte, für den ist die

Durchgangsstraße von der Old Town in die New Town genau das Richtige. Von Ost nach West verbindet sie die beiden Stadtteile Edinburghs und hat Einiges zu bieten. An jeder Ecke tummeln sich Straßenkünstler, traditionell gekleidete Schotten, Maler, Musiker und natürlich auch der ein oder andere Dudelsackpfeifer.

Mehrere verbundene Straßen stellen die Royal Mile dar: Castlehill, Lawnmarket, Highstreet, Cannon Gate und Abbey Strand. Lawnmarket hat eine lange Vergangenheit, die 1128 als Markt für Tauschgüter begann. Der Namensgeber der Royal Mile war wahrscheinlich die High Street, die in früheren Zeiten noch Via Regis hieß, was so viel bedeutet wie „Weg des Königs".

Die Häuser der früheren Royal Mile waren große Fachwerkgebäude, die oft wohlhabenden Händlern gehörten. Eine Tradition von damals kann man noch erkennen. Die Zwischenräume zwischen den Häusern werden Closes genannt, was von dem Begriff „Private Enclosures" abstammt, denn früher führten die engen Gassen zu privaten Anlagen hinter den Häusern, die oft aus Gärten bestanden und sogar Tiere wurden hier gehalten. Auch heute kann man viele dieser Gassen besichtigen und findet sich oft an versteckten Plätzen wieder.

Ohne anzuhalten würde man 20 Minuten brauchen, um die Royal Mile entlangzugehen, doch es gibt so viel zu sehen, dass selbst Stunden nicht ausreichen, um all die Läden zu erkunden - wer hätte gedacht was alles in nur eine Straße passt? So zieht es jeden Besucher während seines Aufenthalts in der Stadt immer wieder dorthin, um noch mehr zu entdecken.

Die Royal Mile führt vorbei an bekannten Sehenswürdigkeiten wie der St. Giles Kathedrale, dem Hauptgebäude der schottischen Kirche, das über Jahrhunderte hinweg oft umgebaut wurde und heute Zeuge vieler verschiedener Baustile ist. Wenn Sie an der Kathedrale vorbeigehen und sie von außen bewundern, vergessen Sie nicht auch einen Blick hineinzuwerfen. Die Kirchenfenster aus Buntglas beleuchten den riesigen und kunstvoll gestalteten Innenraum in einem magischen Licht. Eines der bedeutendsten Gebäude der Kirche ist die Thistle Chapel, eine Kapelle, die Anfang des 19. Jahrhunderts für den schottischen Distelorden gebaut wurde. Wenn Sie hier genauer hinsehen, können Sie auf dem Dach sogar einen Dudelsack spielenden Engel entdecken.

Auch die weniger bekannten Attraktionen, wie die vielen kleinen Museen, sind alle einen Besuch wert. Das „Museum of Childhood" etwa, das erste Museum der Welt, dass sich der Geschichte der Kindheit widmete oder „The People's Story Museum" (wie die meisten Museen in der Stadt kosten auch diese beiden keinen Eintritt), das einen Einblick in die Geschichte der normalen Edinburgher Bewohner ermöglicht. Wer wissen möchte, wie hier vom 18. bis zum 20. Jahrhundert gelebt wurde, ist an der richtigen Adresse. Einen besseren Weg, um ein gutes Gefühl für die Menschen und die Geschichte der Stadt zu erhalten gibt es nicht. Das Museum befindet sich in einem historischen Gebäude des 16. Jahrhunderts, dem „Canongate Tolbooth", dass damals als Steuerbüro und Gefängnis genutzt wurde. Mit seinen drei Galerien ist das „The People's Story Museum" zwar recht klein, die Informationen, die es einem bietet, sind aber trotzdem etwas ganz Besonderes. Denn diese wurden alle gesammelt und abgeleitet von den ganzen Überlieferungen. Mündlich überlieferte oder schriftliche Quellen, die von echten

Menschen stammen, deren Geschichten über Jahre und Jahre weitergegeben wurden. Sie als Besucher bewegen sich während Ihrem Rundgang durch die Galerien durch drei Jahrhunderte und entdecken so wichtige soziale Bewegungen oder einen Film über die damaligen Beschäftigungen der Menschen. Die zeitgenössischen Szenen, die liebevoll rekonstruiert wurden, machen die kleine Zeitreise zu etwas ganz Besonderem. Sie werden Wachsfiguren, eine Küche zur Kriegszeit und auch einen Buchbinderladen kennenlernen.

Ein weiteres Highlight und schon von Weitem zu sehen ist das „Gladstone's Land". Dieses Haus, gebaut Anfang des 17. Jahrhunderts, gehörte damals dem wohlhabenden Händler Thomas Gladstone. Zu der Zeit war die Old Town Edinburghs von einem Verteidigungswall umgeben und als die Bevölkerung wuchs, wurde der Platz zum Wohnen immer weniger. Anstatt neue Häuser zu bauen, wurden also mehr Stockwerke auf die schon dagewesenen Häuser gesetzt. So entstanden quasi einige der ersten Wolkenkratzer, was nebenbei bemerkt auch viele Gefahren, wie zum Beispiel ein erhöhtes Brandrisiko und hygienische Einschränkungen mitbrachte. Doch davon wurde das „Gladstone's Land" verschont und ist somit einzigartig mit seinen sechs Stockwerken, die vollkommen restauriert wurden. Heute sind die ersten beiden Stockwerke zur Besichtigung geöffnet und es lohnt sich, einmal einen Einblick in das Leben in Edinburgh von damals zu erhaschen. Das „Gladstone's Land" ist übrigens auch eines der ältesten Gebäude, in denen seit ihrer Erbauung immer jemand gelebt hat, denn noch heute wohnen Menschen in dem mittlerweile 400 Jahre alten Haus.

Auch beliebt ist die Scotch-Whisky-Experience und das nicht nur bei Whiskyliebhabern. In großen Fässern sitzend werden Sie hier wie im Disneyland über alles rund um den Whisky informiert und können die über 3.000 Flaschen bestaunen. Wer auf der Suche nach einem kleinen Mitbringsel ist, kann hier etwas mitnehmen oder auf dem Markt in der alten Tron-Kirche auf Schatzsuche gehen, auf dem viele Künstler ihre Waren anbieten und dabei sollte man sich die Kirche auf jeden Fall näher ansehen.

Vor fast vierhundert Jahren und nach holländischem Vorbild erbaut, war die Kirche damals ein Treffpunkt, an dem sowohl viele Waren und Güter gewogen als auch Diebe und Verbrecher für ihre

Vergehen bestraft wurden. Wie viele andere Gebäude hat auch die Tron Kirk in ihrer langen Existenz viel erlebt und überlebt, von Feuern und Aufständen über zwei Weltkriege und diverse Holzfäuleprobleme. Trotzdem, oder genau deshalb, ist ihr Zustand kritisch und sie steht heute auf der Liste der Gebäude, die möglichst schnell repariert werden müssen und es wird gehofft, dass die Zukunft dieses historischen und wichtigen Gebäudes bald gesichert werden kann.

Neben den unzähligen Attraktionen und Läden auf der Royal Mile gibt es mindestens genauso viele Pubs und Restaurants, die einen Besuch wert sind und gleichermaßen bei Einheimischen und Touristen beliebt sind. Nach dem Besuch des Edinburgh Castle zieht es viele in die „Deacon Brodies Tavern" für eine heimelige Pub-Atmosphäre oder in die Bar „Holyrood 9A", die nicht nur über 20 Biersorten im Angebot hat, sondern auch 15 fantastische Burger für den großen Hunger.

Im südlichen Teil der Old Town liegt ein ganz besonderer Friedhof, der „Greyfriar's Kirkyard". Er ist bekannt auf der ganzen Welt, ist bei Touristen sehr beliebt und wird auch Tag und Nacht besucht, denn geöffnet ist hier 24 Stunden lang. Viele schaurige Bewohner trifft man auf dem 1560 gegründeten Friedhof wahrscheinlich auch nur nachts, wie etwa den MacKenzie Poltergeist, der hier sein Unwesen treibt. Das nebenan liegende „Covenanter's Prison" ist ebenfalls ein Ort des Schreckens. Seit Jahren passieren dort komische Dinge, Besucher kommen immer wieder mit Verletzungen von der Besichtigung zurück oder fallen in Ohnmacht, über 450 solcher Fälle berichtete die schottische Zeitung „The Scotsman". Doch die Geschichte von Greyfriar's Kirkyard ist nicht nur blutig. Am Tag ist der Friedhof ein schöner, grüner Ort und perfekt für einen entspannten Spaziergang. Auf dem können sie zum Beispiel Grabsteine entdecken, die viele Harry Potter Fans hierhin locken, mit Namen wie Riddle oder McGonnagal.

Die bekannteste und schönste Geschichte des Greyfriar's Kirkyard ist die von einem kleinen Terrier. Greyfriar's Bobby, wie er liebevoll genannt wird, bewachte 14 Jahre lang das Grab seines Herrchens, der verstarb, als Bobby erst zwei Jahre alt war und auf dem Friedhof begraben wurde. Von den Bewohnern der Stadt gefüttert, verbrachte Bobby Tag und Nacht am Grabstein seines Besitzers. Seine

Geschichte wurde nicht nur von Disney verfilmt, ein Jahr nach seinem Tod 1872 bekam Greyfriar's Bobby sogar eine Statue vor dem Friedhof, neben der er begraben liegt. Diese steht noch heute Wache vor dem Friedhof und wenn man sie sich etwas genauer ansieht, bemerkt man, dass so viele Menschen ihm die Nase gestreichelt haben, dass sie nicht mehr dunkelgrau, sondern bronzefarben ist. Neben dem Greyfriar's Kirkyard hat Edinburgh noch viele andere historische und geschichtsreiche Friedhöfe zu bieten. Der „Old Calton Burial Ground" ist ein kleines, mysteriöses Schmuckstück, wo Sie nicht nur eine super Aussicht, sondern auch einige wunderschöne Kunstwerke auf den alten Grabsteinen genießen können.

Auch Natur gibt es bei einem Urlaub in Edinburgh nicht nur in den Highlands oder den zahlreichen Parks, sondern auch in den „Royal Botanic Gardens". Die größten ihrer Art in ganz England und nach denen in Oxford auch die ältesten, wurden 1670 gegründet. Das Herbarium beherbergt über drei Millionen Exemplare, was mindestens der Hälfte der globalen Flora entspricht. Egal ob für Menschen mit grünem Daumen oder für die, die sich für die wissenschaftliche Seite der Pflanzen interessieren oder für jemanden, der einfach seine Freizeit inmitten von wunderschönen Gärten verbringen möchte, die „Royal Botanic Gardens" ziehen Unmengen von Besuchern an. Das fast 30 Hektar große Gelände hat zum Beispiel einen Steingarten, Gewächshäuser aus viktorianischer Zeit, wunderschöne Orchideen und sogar einen chinesischen Berghang komplett mit Teichen, Pagoden und Wasserfällen.

Bücherwürmer aufgepasst!

Literaturstadt - das ist ein Titel, den UNESCO an Städte auf der ganzen Welt verliehen hat und auch Edinburgh gehört dazu. Als aller erstes wurde die schottische Hauptstadt 2004 zur Literaturstadt ernannt und das nicht ohne Grund. Auf einem Spaziergang durch die Stadt fühlt man sich nicht nur wie eine Figur aus einem historischen Roman, man geht auch den Spuren vieler bekannter Autoren auf den Grund und kann deren Einfluss an so manchem Ort wiederfinden. Für Bücherbegeisterte ist Edinburghs Literaturangebot ein wahrer Traum. Aber auch für jene, die ihre Freizeit nicht unbedingt mit dem Lesen von Büchern verbringen lohnt es sich, die nächsten Zeilen nicht zu überspringen und einmal einzutauchen in die Bücherwelt Edinburghs, denn sie ist voller Überraschungen, Festivals, Geschichte und neuen spannenden Erlebnissen.

Wer kennt nicht die Weihnachtsgeschichte von Charles Dickens? Aber so gut wie keiner weiß, dass der unsympathische Hauptcharakter Ebenezer Scrooge seinen Namen aus Edinburgh hat. Als Dickens auf einem Spaziergang über den Canongate Friedhof über einen Grabstein mit der Inschrift „Ebenezer Lennox Scroggie" stolperte, klang dieser Name perfekt für die Romanfigur. Dieses Erlebnis hielt er sogar in seinem Tagebuch fest.

Wussten Sie außerdem, dass der berühmteste Detektiv der Welt eng mit Edinburgh verbunden ist? Sir Arthur Conan Doyle, der Autor von Sherlock Holmes, wurde in der Stadt geboren und besuchte dort später auch die Universität.

Ebenfalls aus Edinburgh kommt Robert Louis Stevenson, der unter anderem „Die Schatzinsel" schrieb, in der Princess Street ist ihm ein Denkmal gewidmet. Denn obwohl Stevenson die Stadt für seine vielen Reisen verließ und nie zurückkehrte, kehrte er hingegen in seinen Gedanken und Geschichten oft zurück. So findet man in seinen

Büchern viele Erinnerungen an Schottlands Hauptstadt - einst schrieb er „Es gibt keine Sterne so schön wie Edinburghs Straßenlaternen."

Auch der berühmte Dichter Robert Burns lebte im 18. Jahrhundert in Edinburgh. Noch heute ist das so genannte Burns Supper dort und im Rest Schottlands Tradition. An Burns Todestag wird dafür jedes Jahr das gleiche Gericht zubereitet und in stets der gleichen Reihenfolge gegessen, nachdem seine Gedichte aufgesagt wurden.

Wenn Sie nun neugierig geworden sind und etwas mehr über die schottischen Autoren und ihre interessanten Geschichten erfahren möchten, sollten Sie das „Writer's Museum" auf der Royal Mile besuchen. Ohne Eintritt zu bezahlen kann man hier in das Leben von Robert Burns eintauchen oder Stevensons Reitstiefel bestaunen sowie die Presse, auf der Sir Walter Scott's Bücher gedruckt wurden. Im Zentrum der Stadt befindet sich außerdem die „National Library of Scotland". Die vielen Räume laden ein zum Schmökern in den über 24 Millionen Druckerzeugnissen, darunter Bücher, Manuskripte und Karten. Die Bibliothek ist wie eine literarische Schatzkammer, mit den vielen historischen Dokumenten, wie zum Beispiel einem handgeschriebenen Brief von Maria Stuart. Über das Jahr verteilt werden hier viele verschiedene Ausstellungen angeboten, die in spannenden Vorstellungen literarische Themen und die Geschichte Schottlands zum Leben erwecken. Um die ganzen neuen Informationen erst einmal zu verdauen, kann man in dem gemütlichen Café bei selbstgebackenen Kuchen und Tee entspannen.

Wenn Sie lieber zuhören als selbst zu lesen, empfehle ich Ihnen das „Scottish Storytelling Centre", in welchem die bekanntesten und schönsten Geschichten Schottlands in Form von Tanz, Theater oder Musik erzählt werden.

Auch eines der größten Bücher-Festivals der Welt findet jedes Jahr in den letzten drei Augustwochen statt. Millionen Menschen von überall begeben sich dann zum „Edinburgh International Book Festival", das mit über 800 Veranstaltungen im Programm lockt und so für jeden etwas bietet. Vom frischgebackenen Autor bis zum Nobelpreisträger, hier erhält man die Chance einmal mit seinem Lieblingsautor zu plaudern. Das Jugendprogramm, mit vielen Kinderbuchautoren und Illustratoren sowie Workshops und Erzählstunden macht das Festival zu einem perfekten Familienausflug.

Doch auch zu anderen Jahreszeiten gibt es literarisch viel zu entdecken. Edinburgh ist bekannt für viele kleine und große Cafés und Pubs, die unter anderem Lesungen, Seminare und offene Bühnen anbieten, so kann man sich auch selbst mal am Mikrofon versuchen oder einfach nur Schreibluft schnuppern. Zu empfehlen sind hier zum Beispiel die „Oxford Bar" oder das „Forest Café".

Wer nach der Erkundungstour durch die Welt der schottischen Literatur neugierig geworden ist, kann sich in einem der vielen Secondhand-Buchläden mit Lesestoff versorgen. Eine gute Wahl ist zum Beispiel „Armchair Books", ein kleiner, aber feiner Laden mit sehr viel Charme, der sich am West Port befindet. Auf den meterhohen, überfüllten Regalen tummeln sich ledergebundene Ausgaben von Alice im Wunderland neben den neusten Bestsellern und warten auf ein neues Zuhause. So mancher Bücherwurm wird jedoch schweren Herzens wieder von dannen ziehen, da man im Koffer einfach nicht genug Platz für all die Bücher hat.

Erlebnisse für Klein und Groß

Wenn Sie mit Kindern oder im Familienurlaub Edinburgh besuchen, müssen Sie sich keine Sorgen machen, dass Langeweile auftritt. Obwohl Kultur und Geschichte wahrscheinlich nicht die Lieblingsbeschäftigungen der jüngeren Mitreisenden sind, gibt es in den Museen und anderen Sehenswürdigkeiten auch viele Angebote für Kinder.

Das Explorer-Quiz (auch auf Deutsch und anderen Sprachen erhältlich) im Edinburgh Castle ist gestaltet wie eine Schatzsuche durch die Burg, sodass die Kinder spielerisch entdecken können und beim *„Schiltron Piking"* können große und kleine Ritter ihre Schwertkünste testen. Der Edinburgh-Zoo ist für Tierliebhaber aller Art ein super Erlebnis, bei dem man über 1000 seltene und gefährdete Tiere bestaunen kann. Auch ein Abenteuer für die ganze Familie ist die „Camera Obscura", die sich auf der Royal Mile befindet. Auf über fünf Stockwerken haben Künstler und Technikprofis eine wahre Wunderwelt der Illusionen geschaffen. Noch nicht lange geöffnet, aber definitiv einen Besuch wert, ist auch das „Chocolatarium". Denn wenn sich Kinder - und wahrscheinlich auch die Eltern - über etwas einig sind, dann wohl über den Genuss von Schokolade und in den können Sie hier auf jeden Fall kommen. In guter Lage auf der Royal Mile gelegen, ist die „Edinburgh-Chocolate-Experience" eine 90 Minuten lange Führung durch die Geschichte, den Herstellungsprozess und die verschiedenen Geschmäcker der Schokolade. Im Shop gibt es Süßes von heimischen, schottischen Herstellern und das sind eine ganze Menge! Während der Tour dürfen Sie ihre eigene Schokolade herstellen und natürlich auch viel probieren. Kleiner Tipp - vorher reservieren ist hier besser, da nur zwei Touren pro Tag angeboten werden.

Auch das „International Children's Festival" findet jährlich in Edinburgh statt und zieht viele Urlauber mit und ohne Kinder an. Und nicht nur dieses Festival zieht viele Besucher an, denn Edinburgh ist eine wahre Festival-Stadt. Egal ob Sie zu Silvester anreisen und beim „Edinburgh Hogmanay" das Feuerwerk bestaunen, welches dem Timesquare in nichts nachsteht oder Neues auf dem „International Science Festival" lernen, das auch denjenigen, die Physik nicht ausstehen können, die Wissenschaft mit viel Spaß näherbringt. Natürlich kommen auch

Musikliebhaber auf ihre Kosten, zum Beispiel beim „Jazz & Blues Festival" oder dem „Royal Edinburgh Military Tattoo", dem größten Musikfestival Schottlands und auch Film- und Kunstfestivals dürfen nicht fehlen.

Kunst und Künstler

Edinburghs faszinierende Kunst- und Schauspielszene beschränkt sich jedoch nicht nur auf die zahlreichen Festivals. Das ganze Jahr über gibt es Galerien und Theater zu entdecken. Viele kleine und unabhängige Galerien und Kunstläden tummeln sich neben den historischen Kunstschätzen der Nation in renommierten Ausstellungen. Die drei großen National Galleries locken jeweils mit einer Sammlung von Portraits schottischer Berühmtheiten, Werken moderner Künstler sowie einer breiten Fülle an Kunst von der Renaissance bis zum letzten Jahrhundert. Wer noch mehr sehen und bestaunen will, ist in der „Fruit Market Gallery", die Werke von Künstlern aus der ganzen Welt ausstellt oder dem „Stils", mit seinen beeindruckenden Fotografien, am richtigen Platz. Beide liegen nur wenige Meter voneinander entfernt und sind perfekt für einen künstlerischen Ausflug am Nachmittag. Wenn Sie das viele Staunen und Betrachten hungrig gemacht hat, Sie beim Essen aber nicht auf den kreativen Aspekt verzichten wollen, dann gibt es auch hier eine Lösung. Das „Dovecot" in der Infirmary-Street ist gleichzeitig Studio und Café und ist mit der besten heißen Schokolade und glutenfreien Brownies zu empfehlen. Für die Reflexion und Gespräche über die gesehene Kunst - oder einfach für gemütliches Entspannen in besonderer Atmosphäre. Wer schon etwas mehr Hunger hat, macht sich am besten auf den Weg zu „Henderson's", wo man in den Genuss von leckerem und gesundem Essen kommt und wo viele Events, wie Film- und Musikabende stattfinden. Am Rande noch ein kleiner Tipp für alle, die nicht nur Kunst und Bücher lieben, sondern auch Serienfans sind. Outlander, die bekannte Serie über Zeitreisende, hat viele ihrer Drehorte in Edinburgh und Zuschauern könnte das ein oder andere bekannt vorkommen. Die „Signet Library" oder der „Tweeddale Court" zum Beispiel. Auch die erste Folge von dem Welterfolg Game of Thrones wurde nicht mal eine Stunde von Edinburgh entfernt in dem „Doune Castle" gedreht und zieht viele Fans an.

VON PUBS, SHOPS UND RESTAURANTS

Wer jetzt denkt, neben so viel Kunst, Geschichte und Literatur fehlen doch der Spaßfaktor und die Feierlaune, der liegt ziemlich falsch. Denn Kultur bedeutet nicht, dass Edinburgh nicht auch weiß wie man feiert. Im Gegenteil, die schottische Hauptstadt hat tatsächlich die höchste Kneipendichte Europas und zwischen den Pubs und Bars kann die Nacht lang werden. Doch natürlich wäre es nicht Edinburgh, hätte nicht auch das Nachtleben das besondere Flair der Stadt. Man findet also nicht nur die typischen Tanzflächen, Bars und das ein oder andere Pubquiz, sondern kann auch auf ganz besondere Art feiern.

Im „Ensign Ewart", das den ganzen Tag geöffnet hat, kann man das typische Schottland kennenlernen. Das Pub hat seine Anfänge im Jahre 1680 und am Abend kann man Scotch, Whisky und live gespielte Folkmusik unter der niedrigen Holzdecke genießen.

Ganz besonders ist auch das „Frankenstein". Wie der Name schon ahnen lässt, läuft hier auf einem riesigen Fernseher die schwarz-weiße Version des Filmes auf Dauerschleife und - nicht erschrecken -

jede Stunde kommt unter lautem Getöse, blinkenden Lichtern und Rauch Frankensteins Monster von der Decke.

Das „Three Sisters" mit seinem großen Biergarten ist genau das Richtige, wenn Sie es etwas gewöhnlicher mögen. Dank der günstigen Getränke ist es dort immer voll mit Touristen und Einheimischen.

Möchte man die Nacht am liebsten mit Tanzen verbringen, kommt man am „Why Not Club" nicht vorbei. Der Tanzclub in Edinburgh schlechthin, mit riesiger Tanzfläche, moderner Musik, Lichtershow, zwei Bars und großer Terrasse, reißt auch den größten Tanzmuffel auf die Füße.

Für viele darf im Urlaub das Einkaufen und Bummeln natürlich nicht fehlen. Auch hier hat Edinburgh beides zu bieten. Bekannte Läden in modernen Einkaufsstraßen und kleine Shops für alles Erdenkliche - von Fossilien bis hin zu preisgekröntem Käse.

Die erste Adresse für Shoppingbegeisterte ist die Princess Street, die bekanntesten Läden und internationalen Modeketten kann man hier finden und wer es etwas exklusiver mag, kann in der Georges Street durch zahlreiche Boutiquen stöbern. Für das ganz besondere Mitbringsel für zu Hause befinden sich die eigenständigen und antiken Geschäfte vor allem in der Duncan Street und wer nach etwas Traditionellerem sucht, findet in Sachen Souvenirs und Geschenke auf der Royal Mile alles was das Herz begehrt. Von Schottenröcken über klassische Kleidungsstücke aus Tweed oder Kaschmir bis hin zu Biscuits, Haggis und Fudge.

Es gibt viele Läden, die einzigartig für Edinburgh sind und mit viel Liebe zum Detail betrieben werden. „Avalanche Gapinski" in der Waverley Mall verbindet Musik und Kunst zu einer einzigartigen Mischung für alle, die gerne nach neuer Musik und Künstlern stöbern.

In der „Fudge-Kitchen" findet man „devishly different" Fudge für wirklich jeden Geschmack. Auch der Herstellungsprozess kann hier beobachtet und ausprobiert werden - etwas für jeden, der Fudge frisch vom Herd probieren möchte und seien wir mal ehrlich, wer kann da schon nein sagen?

Ebenfalls traditionell, aber nicht essbar, kann man bei „21st Century Kilts" einkaufen. Schottenröcke mal anders und als Designerstücke.

Ein Paradies für Comicliebhaber und ein echtes

Schmuckstück ist „Deadhead Comics". Klein, gefüllt mit Stapeln von Comicbüchern und einem Team, das weiß wovon es spricht.

Lange stöbern kann man auch bei „Curiouser and Curiouser". Ob Schreibwaren oder Deko und kleine Dinge für den Haushalt, alles mit einem Touch Skandinavien, Kuriosität und ganz viel Herzlichkeit - für sich selbst und Freunde findet man hier süße Geschenke.

Gute Beratung und ein tolles Angebot an Musik gibt es bei „Assai Records" in der Grindlay Street. Das Plattenlabel, das aus Schottland stammt, eröffnete zuerst ein Geschäft in Dundee und ist nun auch in Edinburgh Spezialist für Vinyls aller Art. Hier lassen sich Fachgespräche über Musik führen.

Und was wäre Großbritannien ohne Tee? Auch in Schottland wird das Nationalgetränk sehr geliebt. Ein guter Anlaufpunkt für das duftende Produkt ist zum Beispiel „Rosevear" in der Clerk Street. Früher als Anteaques bekannt und beliebt, gibt es hier noch immer eine Auswahl der besten Teesorten und die wohl leckersten Scones in Edinburgh, natürlich traditionell mit Clotted Cream und Jam.

Bekanntlich macht Geld ausgeben hungrig und

hier gilt die Devise, Mut haben! Vor allem in fremd-sprachigen Ländern mag das ein oder andere Gericht oder Restaurant etwas komisch klingen, aber aus-probieren lohnt sich.

Cullen Skink, die traditionelle, herzhafte Suppe aus Räucherfisch und Kartoffeln, steht auf der Spei-sekarte von „The Devil's Advocate", zu finden in der Old Town.

Haggis - das typisch schottische Gericht aus ei-nem Schafmagen, gefüllt mit unter anderem Herz, Leber und Zwiebeln - gibt es zusammen mit Whisky im „Arcade Pub" in der Cockburn Street.

Doch auch für weniger Experimentierfreudige gibt es genug zu Essen. Schnell wird man in Edin-burgh zum Scones Liebhaber und wem das Angebot im „Rosevear" gefallen hat, wird sich im herzlichen „Café Bon Papillon" mehr als wohl fühlen, hier gibt es täglich frisch zubereitete Suppe mit Kräutersco-nes.

Lokale Gerichte aller Art, serviert im 6-Gänge Menü, bekommen Sie im modernen Restaurant „Ai-zle" und für den kleinen Geldbeutel können Sie in Schottlands erstem Suppen-Café „Union of Genius" entspannt genießen oder das beste Curry der Stadt in der „Mosque Kitchen" probieren.

Abseits der Massen

AUF DEN SPUREN VON GEISTERN UND ZAUBERERN

Wer bereits alles Bekanntes gesehen hat und Edinburgh von einer anderen Seite kennen lernen möchte, dem sind die vielen Führungen durch die Stadt ans Herz gelegt. Man mag kaum glauben, auf wie viele Arten und Weisen man die Stadt entdecken kann. Denn eintönig und oberflächlich, wie so mancher sich eine Stadtführung vielleicht vorstellt, sind die Rundgänge durch Edinburgh schon längst nicht mehr. Zu jedem Thema gibt es eine Tour, die Ihnen die Stadt in ganz neuem Licht näherbringt.

Die Geister und Gespenster Edinburghs werden

auf den Ghost-Tours zum Leben erweckt, bei Nacht können Sie sich hier auf Friedhöfen und bei Spukgeschichten über Hexen und Vampire gruseln und Edinburgh von seiner dunklen Seite erleben. Für den Geisterjäger, der nicht gerne zu Fuß geht, gibt es Busrundfahrten zu den gruseligsten Sehenswürdigkeiten der schottischen Hauptstadt, doch Vorsicht - auch in den Bussen soll es spuken. Wer es noch eine Nummer spannender mag, der kann sich in die richtige Unterwelt Edinburghs begeben. Das „Mary King's Close", umhüllt von Mythen und Geheimnissen, ist ein Gewirr aus Gängen, Häusern und Straßen, alles unterhalb der Royal Mile im Untergrund Edinburghs. Seit Jahrhunderten existiert das „Mary King's Close" und genauso alt sind seine Legenden, die den Besuchern dort nähergebracht werden. Viele Touristen haben über die Jahre Puppen hinterlassen, für ein kleines Mädchen namens Annie, dessen Geist in den dunklen Gängen lebt, auf der Suche nach seiner verlorenen Puppe. Ohne Geister, aber mindestens genauso spannend, ist die Führung durch die „Gilmerton Cove". Auf der Südseite Edinburghs erstreckt sich das System aus Höhlen und Gängen unter dem Stadtteil Gilmerton. Über die aus Sandstein gemeißelten Räume und Möbel weiß man auch heute noch nicht viel, obwohl sie seit bereits 300 Jahren erforscht werden - perfekt für Entdecker.

Doch es muss nicht immer gruselig oder dunkel sein - die Führungen durch Edinburgh sind ebenfalls ein Highlight für Buchliebhaber. Die „Literary-Pub-Tour" führt durch die Gassen und Hinterhöfe der Stadt und verbindet das alles mit einer interessanten und sehr unterhaltsamen Reise durch die Literatur. Die beiden Gruppenleiter sind echte Schauspieler und bieten eine Vorstellung, die seit mehr als zwanzig Jahren Edinburghs Besucher begeistert. Auch auf Sherlock Holmes Spuren können Sie durch Edinburgh wandern. Die „Sherlock-Holmes-Walking-Tour" führt vorbei an dem Haus, in dem Arthur Conan Doyle lebte und den versteckten Orten in der Stadt, an der die Detektiv-Legende begann.

Noch ein bekannter Buchcharakter hat seine Wurzeln in Edinburgh und auch zu ihm gibt es eine beliebte Tour. J. K. Rowling schrieb an den Anfängen der Harry Potter Bücher im „Elephant Café" mitten in Edinburgh. Noch heute zieht das Café als "Geburtsort Harry Potters" Unmengen an Besuchern an und darf somit auf der mehrfach gekrönten Tour

"The Potter Trail" nicht fehlen, die unter anderem zu Lord Voldemorts Grab, der Schule, die Hogwarts inspirierte und der wahr gewordenen Winkelgasse führt. Auch Läden zu dem bekanntesten Zauberschüler der Welt findet man einige in Edinburgh, wer sich also mit Zauberstab und Schokofröschen ausstatten möchte, wird in der Victoria Street fündig, in der gleich drei Potterläden ihre Ware anbieten.

TAGESAUSFLÜGE

Glasgow

Machen Sie Urlaub in Edinburgh, so sind auch ein oder zwei Tagesausflüge auf der To-Do-Liste nicht schlecht. Denn Edinburghs Lage ist perfekt, um sich etwas Zeit zu nehmen Schottland noch besser zu erkunden. Nur etwas mehr als eine Stunde braucht man mit dem Zug oder Bus nach Glasgow, Schottlands größter Stadt. Auch hier gibt es natürlich so viel zu sehen, dass es für eine eigene Reise reicht, aber auch an einem Tag kann man einiges entdecken.

Wussten Sie zum Beispiel, dass das U-Bahn System Glasgows, das sogenannte „Clockwork Orange", eines der ältesten weltweit ist? Nach London ist Glasgow außerdem als beste Konzertstadt in Großbritannien bekannt. Doch man muss kein Konzert besuchen, um Spaß in Glasgow zu haben. Übersetzt bedeutet Glasgow übrigens so viel wie "Lieber, grüner Ort" und tagsüber sollten Sie auf jeden Fall den Glasgow Green, den ältesten Park der Stadt besuchen.

Eine andere der größten Attraktionen ist das interaktive „Science Centre", das mit Technik und Wissenschaft zum selbst ausprobieren für jedermann ein Highlight ist. Hier werden Sie im Planetarium, in Workshops, im Theater oder im hauseigenem IMAX Kino zum Staunen gebracht und die Kleinen in der Familie können sogar Kapitän eines Frachtschiffs werden. Zum Einkaufen geht es am besten in die Buchanan oder Sauchiehall Street - wenn Sie während der Shopping-Tour entspannen wollen, tun Sie dies auf einer der Parkbänke, denn oft gibt der ein oder andere Straßenmusiker vor den Läden seine Musik zum Besten - wer weiß, vielleicht hören Sie hier den nächsten Ed Sheeran spielen.

Genau wie Edinburgh hat auch Glasgow viel Geschichte zu bieten und die beste Adresse hierfür ist die Glasgow Cathedral, die älteste Kathedrale Schottlands, mit ihrem angrenzenden Friedhof, dem Necropolis, die beide kostenlosen Eintritt bieten. Aus dem 18. Jahrhundert kann man hier viele viktorianische Grabsteine betrachten und die Aussicht über die Stadt ist fantastisch und zum Fotos machen für das Urlaubsalbum nur zu empfehlen. Vor Sonnenuntergang sollten Sie den Friedhof jedoch verlassen, denn seit Jahrhunderten geht die Legende umher, dass ein Vampir auf dem südlichen Necropolis sein Unwesen treibt.

Doch genug Spukgeschichten - um den Ausflug perfekt zu machen, lohnt es sich zum Abschluss die „Horseshoe Bar" in der Dury Street zu besuchen. Die älteste dauerhaft betriebene Bar Europas bietet eine schöne Atmosphäre und viele lokale Biersorten.

Die Highlands

Wer allerdings eine Pause vom Stadtleben braucht, der hat die Chance Schottlands Highlands und ihre unberührte Natur zu entdecken. Fast magisch und wie eine andere Welt fühlt sich die Welt der Highlands an. Zerklüftete Berge, dunkelblaue Seen und tiefe Täler. Überall kann man kleine Cottages oder versteckte Burgen erkennen und die Wolken und die

Sonne erzeugen eine mystische Atmosphäre, die die Highlands von einem auf den anderen Moment in Nebel verschwinden lässt.

Hier kann man wandern, auf Bänken die frische Luft genießen oder eines der vielen kleinen Cafés am Anfang der Wanderwege besuchen.

Die Geschichte der Highlands steht in starkem Kontrast zu ihrer Schönheit. So kämpften Rob Roy McGregor und William Wallace hier für die schottische Freiheit. An der Stirling Bridge kam es 1297 zum ersten großen Sieg der Schotten und der Wallace Tower ist ein guter Ort, um heraufzusteigen und die Landschaft, auf der einst die Schlacht stattfand, zu betrachten. Es werden viele Tagesausflüge angeboten, die sehr zu empfehlen sind. Mit dem Bus geht es von Edinburgh in die Highlands und auch zum Stirling Castle oder nach Loch Ness, auf Monstersuche. Die meist einheimischen Reiseführer wissen genau wo die schönsten Orte liegen und erzählen von der Geschichte und den Sagen Schottlands.

"Geisterinsel und Müllerdorf"
Nicht zu vergessen für einen Tag Auszeit vom Stadtleben und für eine wunderschöne Zeit ist das Dean Village. Fast ein kleiner Geheimtipp, könnte man

schnell meinen es handelt sich nur um ein ruhiges und schönes Dörfchen, das aber doch etwas langweilig ist, wenn einem die ganze Welt von Edinburghs Attraktionen offensteht. Aber sobald Sie Fotos von Dean Village sehen oder dann selbst einen Fuß hineinsetzen, werden Sie es nicht mehr von Ihrem Reiseplan streichen. Direkt am Fluss Leith ist das Stück malerische Geschichte nur fünf Minuten zu Fuß von der Princess Street entfernt und somit schnell zu erreichen. Die kleinen, aber feinen Häuser aus dem 19. Jahrhundert und die zahlreichen alten Mühlen sind einfach schön anzusehen und perfekt für Reisefotos.

Etwas weiter weg, aber mit dem Bus gut zu erreichen, ist „Cramond Ghost Island". Etwas über eine Stunde dauert die Fahrt mit der Linie 41 vom Zentrum Edinburghs aus. Sie sollten nicht vergessen die Gezeiten vorher nachzusehen, denn nur bei Ebbe kommt man über den Damm zu dem ehemaligen Militärstützpunkt und auch wieder herunter. Aus dem zweiten Weltkrieg stammend ist die winzige Insel eine Reise wert. Hier findet man eine einzigartige Mischung aus Kriegsgeschichte, rauer, schottischer Natur und farbenfrohen Graffitis und auch eine römische Festung. Nur wichtig - die Wanderschuhe nicht vergessen - die Besichtigung kann teilweise holprig werden.

Schottland und sein Whisky

Bei den angebotenen Tagestouren ist oft auch der Besuch in einer Whisky-Destillerie enthalten. Scotch Whisky ist eines der beliebtesten Produkte Schottlands und definitiv einen Ausflug wert. Auf einen Einwohner Schottlands kommen ungefähr vier Fässer Whisky und die schottische Regierung bezahlt pro Sekunde fast 150 Euro an Steuern für den Export des "flüssigen Goldes". Das Wort Whisky kommt aus dem Gälischen und bedeutet so viel wie "Wasser des Lebens". Bei dem heute oft einfach "Scotch" genannten Getränk, handelt es sich um Malz- oder Getreidewhisky, dessen Herstellung streng per Gesetz geregelt ist, so muss der Whisky mindestens drei Jahre in einem Fass aus Eiche lagern. Erstmals in geschriebener Form wurde Scotch Whisky 1495 erwähnt und früher nur aus gemalzter Gerste hergestellt. Ende der 1700er Jahre begannen die Fabriken dann auch Weizen und Roggen zu nutzen. Wer selbst erfahren möchte was so besonders an dem Nationalgetränk ist, der wird in einer der 120 Destillerien des Landes auf jeden Fall fündig. Ein wahres Erlebnis ist zum Beispiel die „Deanton Destillery" in Stirling. Schon das Gebäude ist beeindruckend und hat eine lange Geschichte zu erzählen. Diese lernen Sie bei der Führung durch die Destillerie kennen, hier werden die Produktionsräume und der Herstellungsprozess gezeigt und erklärt, man kann einige der ältesten Whisky-Fässer bestaunen und beim Tasting am Ende natürlich in den ausgiebigen Genuss des Deanston Whiskys kommen, wenn man denn 18 oder älter ist. Garantiert wird sich der ein oder andere im dazugehörigen Geschäft mit Whisky für zu Hause oder als Geschenk eindecken.

UND NICHT VERGESSEN...

Sicher haben Sie mittlerweile auch gemerkt, zu sehen und zu erleben gibt es unglaublich viel und vielleicht fragt sich der ein oder andere, wie man sich da nur entscheiden und es schaffen soll, alle Pubs und Restaurants auszuprobieren, Sehenswürdigkeiten zu besuchen, Museen und Stadtführungen zu erleben. Doch ein Tipp, der jedem Besucher Edinburghs seine Reise noch ein Stück schöner macht, ist es, den Aufenthalt zu genießen - und es mag sein, dass dies sogar der wichtigste Hinweis ist. Nehmen Sie sich Zeit, wandern Sie einfach mal so, ganz in Ruhe, durch die Straßen und lassen sich überraschen was Sie finden. Egal ob man eine Woche oder ein Jahr in der schottischen Hauptstadt verbringt, alles wird man nie gesehen haben und genau das macht Edinburgh aus. Die Stadt ist voll mit Geschichte und Geschichten, historischen Orten, an denen schon immer neue Legenden geschaffen werden. Edinburgh lebt von diesen Mythen, eine Stadt zur Hälfte Kulturhochburg und Touristenmetropole und zur anderen Hälfte gehüllt in einen mystischen Nebel, geschaffen von einer Geschichte, die tausend Jahre zurückgeht. Jedes Mal, wenn Sie wieder nach Edinburgh kommen, wird Sie die Stadt willkommen heißen, wie einen alten Freund und doch ist das Abenteuer immer nur eine enge Gasse entfernt, in der eine unbekannte Seite der Stadt, eine neue Geschichte, darauf wartet entdeckt zu werden.

Herstellung und Verlag:

BoD – Books on Demand, Norderstedt

ISBN: 9783751970846

© Marianne Althaus 2020

1. Auflage

Kontakt: Psiana eCom UG/ Berumer Str. 44/ 26844 Jemgum

Covergestaltung: Fenna Larsson

Coverfoto: depositphotos.com